# LATIN AMERICAN SOUL

# ALMA LATINOAMERICANA

Bilingual poetry

English Spanish

## Edith Graciela Sanabria

Grace Press

Second Edition 2023
Copyright ©1997 Edith Graciela Sanabria
Cover design of Andy Hight
Painting Cover of Octavia Frazer
No part of this book shall be reproduced, stored in a retrieval system, or transmitted by any means, electronic, mechanical, photocopying, desktop publishing, recording otherwise, without the permission from the authorization of the author.

Segunda edición 2023
Derechos de publicación © 1997 Edith Graciela Sanabria
Diseño de portado de Andy Hight
Pinturas de la cubierta del libro por Octavia Frazer
Ninguna parte de este libro puede ser reproducido, guardado en un sistema electrónico o transmitido
de ninguna forma como ser electrónica, mecánica o fotocopia, impresa, grabada, sin el permiso del autor.

Printed in the United States of America

Impreso en los Estados Unidos de América

DEDICATED

To my mother who taught me to love God, art, people, and the universe.

DEDICADO

A mi madre quien me enseñó a amar a Dios, el arte, la gente y el universo.

Some of these poems have been published in the following books:
Algunas de estas poesías han sido publicadas en los siguientes libros:
"Emotional Shower" by Poets Anonymous
Northern Virginia Chapter 1993
Peace for the Poets 1994
Fire hook Anthology 1995
Horizonte 2000 Academia Iberoamericana de Poesía, Capitulo Washington D.C.
1994-1995
"Oh Bohemio" Sao Paolo Brasil 1995
"Heart and Soul, Reston Virginia 1997
Poets Anonymous Fairfax Virginia
Poets Anonymous England 1998
India 199

## ABOUT THE AUTHOR

Edith Graciela Sanabria is an active member of different art organizations in Washington, D.C. "The Poetry Society of Virginia", "Poets Anonymous" of Fairfax, "Heart and Soul" of Reston, "Ibero-American Academy of Poetry" in Washington, D.C.

Edith won first place in an intercollegiate poetry competition in 1971 with her poem "Indian Mother." She studied in college, English and French in Cochabamba, Bolivia. At the Institute of Arts, she developed her talents for performance, acting, singing, and dance. In 1985, Edith Graciela participated in a contest in Madrid, Spain, where she was invited to perform her poetry. In 1990, she came to the United States and enrolled in the Creative Writing class in Arlington, VA, with noted writer Carolyn Page. She played a major role in the 1994 "Spotlight in the Arts" at the Fairfax Festival.

Her performances are highly appreciated in the schools, cultural events, as well as in the "Organization of American States", "The Inter-American Defense, the" World Bank", "Arts Club of Washington", "Library of Congress", and "The Central Library of Washington D.C. Martin Luther King."

She participated in television shows 1996 Chanel 10 "Poetical Expressions", "Daughters of Fire" in Reston 1997, and NBC in "60 Minutes" in 1999.

Her poems have been published in the United States, Bolivia, Brazil, England, India.

## ACERCA DE EL AUTOR

Edith Graciela Sanabria es un miembro activo de diferentes organizaciones en el área de Washington D.C. "La Sociedad de Poetas de Virginia", "Poetas Anónimos" de Fairfax, "Heart and Soul" de Reston, "Academia Iberoamericana de la Poesía" en Washington DC.

Edith en 1971 fue premiada en un concurso intercolegial con el primer lugar con su poema "Madre India." Estudio en la Normal Católica Inglés y Francés; en el Instituto de Artes Cochabamba Bolivia estudio poesía, actuación, canto y danza. En 1985, Edith Graciela participó en un concurso en Madrid-España, donde fue destacada su poema "Sueño o Realidad." En 1990 vino a Estados Unidos y se enroló en Clases de Escritura en Arlington County con la destacada escritora Carolyn Page. En 1994 ella tuvo un rol importante en el Festival "Spotlight in the Arts" en Fairfax.

Sus actuaciones son muy apreciadas en las escuelas, eventos culturales, así como en la "Organización de los Estados americanos" "El Banco Interamericano de Defensa, "Banco Mundial", Arts Club de Washington" "La Biblioteca del Congreso", "La librería central de Washington DC. "Martin Luther King."

Ella participo en espectáculos de televisión "Canal 10" "Expresiones Poéticas e "Hijas de Fuego" en Reston también en famoso programa "60 Minutes" con NBC.

Sus poemas han sido publicados en los Estados Unidos, Bolivia, Brasil, Inglaterra, India.

# ACKNOWLEDGMENT.  RECONICIMIENTOS

I would like to thank all the wonderful people who had been for me an inspiration in the realization of this book, for your support, your advice, and your ideas. To the different groups of poets to whom I belong, friends of art, companions on the road to a better world.I would like to include the names of all the friends who have helped me, if I omitted some of them, I apologize: Carolyn Page, Maryluz and Sabino Molina, Jean Russell, Andrew Height with the design, Jean Layman, Jose Gabilondo, Paul Manning, Sam Hurts, Thomas Corbet, Carmen Alejandro, Mario de Leon, Sharon Abbott, Moly Burns.

Quiero agradecer a todas las maravillosas personas que han sido para mí una inspiración, en la obra de este libro, por su apoyo, sus consejos, sus ideas. A los diferentes grupos de poetas, a los cuales pertenezco, amigos del arte, compañeros en el camino hacia un mundo mejor. Me gustaría incluir los nombres de todas las personas que me han ayudado. Si omití el nombre de alguno, les pido disculpas: Carolyn Page, Mariluz y Sabino Molina, Jean Russel, Andrew Hight con el diseño de la caratula, Jean Lewman, Jose Gavilondo, Paul Manning, Sam Hurts, Thomas Corbet, Carmen Alejandro, Mario de Leon, Sharin Abott, Molly Burns.

## Table of Contents

| | |
|---|---:|
| **I COME FROM THE SOUTH** | 10 |
| **YO VENGO DEL SUD** | 11 |
| **BRONZE AMERICA** | 14 |
| **AMERICA DE BRONZE** | 15 |
| **BOLIVIA** | 18 |
| **BOLIVIA** | 19 |
| **TO MY GRAND MOTHERS** | 22 |
| **A MIS ABUELAS** | 23 |
| **CARNAVAL IN RIO** | 24 |
| **CARNAVAL EN RIO** | 25 |
| **INDIAN MOTHER** | 26 |
| **MADRE INDIA** | 27 |
| **THE DANCE OF VIOLENCE** | 32 |
| **LA DANZA DE LA VIOLENCIA** | 33 |
| **DREAM OR REALITY** | 34 |
| **SUEÑO O REALIDAD** | 35 |
| **WITH THOSE BOOTS** | 38 |
| **CON ESAS BOTAS** | 39 |
| **CHILDREN OF MY DREAM** | 40 |
| **LOS NIÑOS DE MIS SUEÑOS** | 41 |
| **GRIEF** | 44 |
| **AGONIA** | 45 |
| **GRIEF** | 48 |

| | |
|---|---|
| **DESOLACION** | 49 |
| **MI LIFE** | 52 |
| **MI VIDA** | 53 |
| **BUTTERFLY** | 54 |
| **MARIPOSA** | 55 |
| **SPEECHLESS** | 58 |
| **SIN PALABRAS** | 59 |
| **LATIN LOVE** | 60 |
| **AMOR LATINO** | 61 |
| **GOD OF CLAY** | 62 |
| **DIOS DE ARCILLA** | 63 |
| **OCTAVIA** | 66 |
| **OCTAVIA** | 67 |
| **TEMPORARY PASSENGER** | 68 |
| **PASAJEROS TEMPORARIOS** | 69 |
| **MY TEACHER** | 70 |
| **MI PROFESOR** | 71 |
| **FLYING IN FREEDOM** | 72 |
| **VOLANDO EN LIBERTAD** | 73 |
| **GLOSARY    GLOSARIO** | 80 |

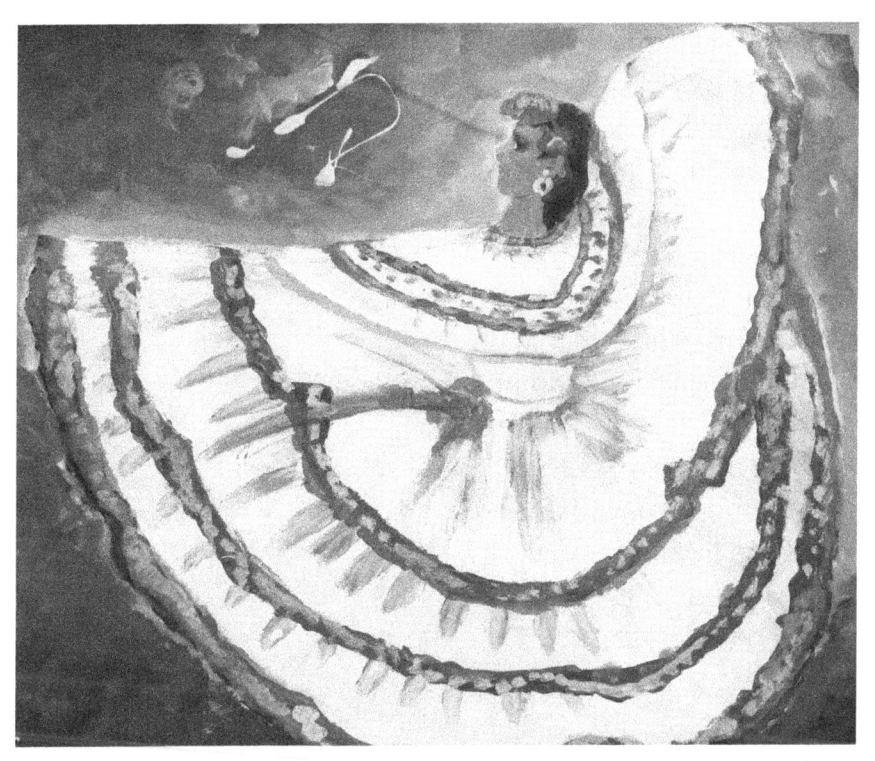

# MULTICULTURAL

# I COME FROM THE SOUTH

Where the unknown magic of centuries
had returned in rhythmic verse
where the history has embroidered
tales of colossus, pyramid temples
dancing with Inca gods
Tiwanakotas(1), Guaranies(2), Huaris(3), Tobas(4).

I come from the South
where the wind sings in zampoñas(5)
where the hearts beat in unison
with the rhythm of wind and thunders.

I come from the South
my profound roots merge
 with the tropical breeze
and whisper of time and space.
singing tragedies, legends of
conquerors, love, and mysteries.

I come from the South
I am a silent sister of the migrant birds,
that live escaping from
the frozen polar winds.
The ones that are chirping the nostalgia
hidden in the abstract darkness
of the uncertain daybreak.

I come from the South
my brown skin sings the history
that has been dressed in mysteries

# YO VENGO DEL SUD

Donde la magia inédita de los siglos
ha retornado en verso rítmico.
donde la historia a bordado
cuentos de colosos, templos pirámides,
danzando con dioses Incas,
Tiahuanakotas(6),Guaranies(7), Huaris(8),Tobas(9).

Yo vengo del sud
Donde el viento canta en zampoñas(10),
donde los corazones laten al unísono
al compás de viento y truenos.

Yo vengo del sud
mis raíces son profundas,
emergen con la brisa tropical
con murmullo de tiempo y de espacio
cantando tragedias, leyendas de
conquistas, amor y misterio.

Yo vengo del sud
Soy hermana silenciosa
 de las aves inmigrantes que vienen
escapando de congelados vientos polares.
Aquellos que han tenido que piar su nostalgia
ocultos en la obscuridad abstracta
del incierto amanecer.

Yo vengo del sud
mi piel morena canta la historia
que se ha revestido de misterios

in delicious shades of ancestral cultures
dancing with the millennium.

I come from the South
my bloods flows
with the strength of Iguazu falls
carrying the baggage
of languages and melodies
kept in the depths
of Mother Earth
translated to a song
in the soft language of the soul.

en deliciosas gamas con culturas ancestrales,
en deliciosas gamas con culturas ancestrales,

Yo vengo del sud
mi sangre fluye
con la fuerza de las cataratas de Iguazu
en un bagaje de lenguas
y melodías
guardadas en las profundidades
de la madre tierra
que se traduce en una canción
en un lenguaje del alma.

## BRONZE AMERICA

I am the bronze America
multicolored and multilingual
a mixture of thousand revolutions
under the copper-colored rainbow
from the Inti Wiracocha (11).

Wrapped in the Mother Earth
melting from dreams and music
with the melancholic Huayños (12)
that are singing the sadness
of captive ancestors
inspire by the eternal snow
from the sacred mountains
surging on the sweet flute
I am the yarabi (13)
I am the tarkeada (14).

The cuecas (15) that are snaking
along the narrow colonial streets
with the compliment of Spanish
guitars, chirping of the charango (16)
or cuatro (17)
With the flirting tapping
with the toast, with the shine
I am the Marinera (18)
I am the Chacarera (19)

I am the cry from the jungle that resounds
the echo of ancestral drums
close, closer and closer, with African rhythm

## AMERICA DE BRONZE

Yo soy la América de bronze
multicolor y multilingüe
mescla de mil revoluciones
bajo el cobrizo arco iris
del Inti Wiracocha (20)

Envuelta en madre tierra
crisol de música y ensueños
con sus Huayños ( 21) melancólicos
que cantan las penas
de ancestros cautivos
inspirados en las nieves eternas
de sus montañas sagradas
que emanan en la dulce quena,
Yo soy el Yarabi (22),
Yo soy la Tarkeada (23).

Con su Cuecas (24) que serpentean
en las estrechas callejas coloniales
con requiebros de guitarra española
con gorjéos de charango (25)
o Cuatro (26).
con su zapateo coqueto,
con su brindis, con su brillo
Yo soy la Marinera (27)
Yo soy la Chacarera (28).

Yo soy el grito de la selva que resuena
en eco de tambores ancestrales, cerca,
cerca mas cerca, con ritmos africanos,

with the maracas, with timbales
with the resounding of drums,
with the eloquence of Merenge
Candombe, Brazilian Zamba,
Jazz, Reggie,
flashing in the curved hips
of mulatto and dark girls.

I am the romantic tango of Gardel
the feeling and experience
turn into poetry and music,
with the romantic company of the bandoneon
the bodies tying on the rhythmical embrace
the gaze hidden behind the old
lamppost of the "Viejo Almacen"
I am the Milonga, I am the Bolero,
I am the Danzon.

I am the old bronze
melted with the stone
I am the dream of the
eternal liberators.

con maracas, con timbales
con retumbe de tambores
con elocuencia de Merengue,
Candombe, Samba brasilera,
Jazz, Reggie,
reberbereando en las ondulentes curvas
de mulatas y morenas.

Soy el romántico Tango de Gardel
el sentimiento, la experiencia
hecha poesía y música, acompañada
románticamente por el bandoneón.
Los cuerpos enlazados en el rítmico abrazo
 las miradas ocultas bajo
el antiguo farol del Viejo Almacén
Soy la Milonga, so el Bolero
soy el Danzón.

Soy el viejo Bronce
fundido con la piedra
yo soy el sueño eterno
de los libertadores.

# BOLIVIA

Bolivia emerge
in the eternal snow
where the "Condor Mallcu" (29)
is the sovereign.
It blooms all over
in aguayo (30) of thousand colors,
along the highlands
at the feet are sliding
emerald treasures
that are sparkling in rainforest.
with the sound of canoes
thousand color birds
that are named Amazons.

My ancestors told me
that the huge stones
were talking in form of temples
they were living there
the children of the sun, the god men.
They took care of the ancestry
and loved their folk
they did not permit anybody
 to suffer from hunger and abandonment.

One day they sank all the
secretes of the golden cities
in the deepest part of the sacred lake,
when they hear the obscure
prophesy that said:
"Golden bearded men like the sun
will emerge from the foam of the sea

# BOLIVIA

Bolivia emerge
en la nieve eterna,
donde el "Condor Mallcu" (31)
es el soberano.
se extiende florida
en aguayo (32) de mil colores
a través del altiplano
a sus pies se deslizan
en esmeralda tesoros
que relucen en selva virgen
con sonidos de canoas
aves de mil colores
que se llaman Amazonas.

Cuentan mis antepasados
que las piedras colosales
se expresaban en forma de templos
habitaban allí en esos tiempos
los hijos del sol, hombres dioses.
ellos cuidaban sus ancestros
amaban mucho a su pueblo
ya que no permitían que nadie
sufriera hambre o abandono.

Un día hundieron todos los secretos
de las ciudades doradas
en las profundidades del lago sagrado,
cuando oyeron la obscura
profecía que así decía:
"Hombres barbados como el sol
surgirán de la espuma del mar

with the thunder lighting in their hands
those men will quiet
the voices of the Tawantinsuyo. (33)

The blood is running silently
it has been turned into screams
of oppressed hearts
sights are breaking the darkness
sinister symbols
have been planted on the road
of shadow and misery.

Centuries have passed
but the son of Manco Kapak (34)
is still incarcerated
in his prisons, the one that
the was founder of the Inca Empire
there are chains that tie him
to an eternal slavery
and they are more macabre
than the Conquerors.

His children, and their children
from his children are caught
in the inertia of centuries
the loved and blessed land
is now sold, traded and degraded.
Nobody who cares for the country,
because all are deaf
to the strong echo of Pachamama.(35)

con rayos en las manos,
las cuales acallaran
las voces del Tawantinsuyo" (36)

La sangre corre silenciosa
se ha convertido en gritos
de pechos oprimidos
suspiros quebrando las sombras
símbolos siniestros
han sembrado el camino
de tinieblas y arrebato.

Siglos han transcurrido
pero aun esta encerrado
en su prisión el que fuera
el hijo de Manco Kapac (37)
el fundador de el Imperio Incaico
hay cadenas que lo atan
a una esclavitud eterna
y son mas macabras
que los mismos conquistadores.

Sus hijos, y los hijos
de sus hijos están atrapados
en una inercia de siglos
su tierra amada y bendecida
se la vende, se la negocia
y se le degrada.
No hay nadie que se preocupe por el país
porque todos están sordos
al ronco eco de la Pachamama.(38)

## TO MY GRAND MOTHERS

Sister in the injustice
heroines in the war of life,
when the new dawn begins
I get inspired by your love.

My silent grandmothers,
birds of paradise sleeping
in the innocence of a child
your lives have grown
like a tree full of branches.

Your hands are rocks
that never had the knowledge
of transitory eras.

My friends, my sisters
my tender sublime butterflies,
bowing your head with modesty
before the desolate time
of abandonment.

## A MIS ABUELAS

Hermanas en la injusticia
heroínas en la Guerra de la vida
cuando viene la nueva alborada
me inspiro en sus amores.

Mis silenciosas abuelas,
aves del paraíso durmiendo
en la inocencia de niño,
sus vidas fueron creciendo
como frondosos árboles.

Sus manos son rocas
que nunca conocieron
eras transitorias.

Mis amigas, mis hermanas,
mis tiernas mariposas sublimes,
agachando la humilde cabeza
ante el desolado tiempo
y abandono.

# CARNAVAL IN RIO

    Samba
        Danzar
            Praia
                Rio
                    Brasil
                        Carnaval

As garotas are dancing
Carnaval from Rio Begin the music, the colors,
the joy, the dark bodies with gold are covered.

                All the hearts with the magical drums
                Pam, pam, pam, pam pam
                with jewels and feathers dancing
                to the beach they go.

    Forget the pain
        Forget the misery
            Forget the favellas
                Forget the pishotes
                    Forget the inflation
                        Forget the violence.

Dream the whole month
 that you own the world
that you are forever
a King or Queen
dress with the sun
dance until the delirium.
You are powerful
everybody loves you
everybody adores you.

# CARNAVAL EN RIO

Sambar
   Danzar
      Praia
         Rio
            Brasil
               Carnaval
Las garotas están bailando
El carnaval de Rio empezó la música, los colores,
la alegría, los cuerpos morenos de oro cubiertos.

        Todos los corazones
        Pam, pam, pam, pam
        con joyas, con plumas
        los tambores mágico danzando
        a la playa van.

Olvida las penas
   Olvida la miseria
      Olvida las favelas
         Olvida los pishotes
            Olvida la inflación

Sueña que todo el mes
eres para siempre
una reina o un rey
vístete con el sol
danza hasta el delirio
ahora eres poderoso.
todos te aman
todos te adoran.

# INDIAN MOTHER

Indian mother
when the sun rises
you carry on your back
the dearest fruit
of your heart.
Indian Mother
Without books,
without schools
you teach and guide
your beloved child
with the precious gift
of wisdom that
love offers you.
Indian Mother
on the highlands,
in the pure valley
in the beautiful jungle
you are Indian mother
the hands that farm
the eyes that guide
the breast that nurture
the source of life
the biggest treasure
of the mother earth.
The day of deepest
sorrow arrives
upon seeing your
child from the motherland
suffer for being Indian
suffer for having your blood.

# MADRE INDIA

Madre india:
En la madrugada
cuando nace el sol
llevas en tu espalda
el fruto querido
de tu corazón.
Madre india:
sin libros
ni escuelas
enseñas y guías
al hijo querido
con el don precioso
de sabiduría
que te brinda el amor.
Madre india
En el altiplano
En el valle puro,
En la selva hermosa,
Eres madre india
las manos que labran,
los ojos que guían
los pechos que nutren
la fuente de vida
el el mayor Tesoro
de la madre tierra.
Y llega aquel día
de tristeza umbría
al ver a tu hijo
hijo de la patria
sufrir por ser indio
por llevar tu sangre

That is country blood!
That is indian blood!

Indian mother
in the sadness of
your black eyes
you suffer in silence
from the endurable grief
that gives you life.

for being an Indian mother!
for being a native mother!

¡Que es sangre de patria!
¡Que es sangre de pueblo!

Madre india
En la tristeza
de tus ojos negros
sufres en silencio
las penas amargas
que te da la vida.

¡Por ser Madre India!
¡Por ser Madre Pueblo!

**DRAMATIC**

# THE DANCE OF VIOLENCE

STOP
This violence that is exploding
in the streets of the world.

STOP
The river of blood from victims
of massacre and revenge.

STOP
The dance of death dressed in
lunatic hate.

STOP
Do not change the children faces
that are full of innocence and hope

STOP

Do not burn the temples of God
they were built to teach love.

STOP
Do not destroy the Mother Earth,
the rivers, the sea, and the ozone.

STOP
We are children of the universe
everything will return to us,
let us try to love more
because we are only passengers
in this transitory travel of time.

# LA DANZA DE LA VIOLENCIA

ALTO
A la violencia que esta explotando
en las calles del mundo.

ALTO
Al rio de sangre de las victimas
de masacres y venganzas.

ALTO
A la danza de la muerte disfrazada
de odio lunático.

ALTO
No cambien los rostros de los niños
que están plenos de inocencia
y esperanza.

ALTO
No quemen los templos de Dios
fueron creados para ensenar a amar.

ALTO
No destruyan la madre tierra, los ríos,
el mar, el ozono.

ALTO
Somos hijos del universo
todo volverá a nosotros,
tratemos de amarnos mas
pues solo somos pasajeros
en este viaje transitorio del tiempo.

# DREAM OR REALITY

I am crying my anguish
on the narrow and
absurd streets of selfishness.
there is nobody
only grotesque shadows
that pretend to be humans,
I approach one, I approach another
believing in their existence,
but there is nothing
there is no one.
I am looking for something
to continue living
for something to dream about
something to forget
the emptiness that
I feel inside me.

I grasp wine, drugs,
dreams and fly.......
But everything ends slowly,
and violently, no flavor remains.

The anguish is coming again.
the emptiness
the desperation,
the boredom of living.

Where are my friends?
The magic music?
The singing colors?
The life that I thought to see.

## SUEÑO O REALIDAD

Voy gritando mi angustia
por las calles estrechas
absurdas de egoísmos
no hay nadie solo sombras grotescas
que pretenden ser humanas
me acerco a una y otra
creyendo en su existencia.

Pero no hay nada
no hay nadie.

Voy en busca de algo
para seguir viviendo
algo para olvidar,
este vacio que siento
dentro de mi.

Me aferro al vino, a las drogas
a los sueños, al volar.......

Pero todo pasa lento
y violento el sabor.

Ya viene la angustia otra vez
el vacio
la desesperación,
el tedio de vivir.

Donde están mis amigos?
la música mágica?
los colores sonorosla vida que creí ver.

Dream, dream, dream
how sad it is to be awake
and look at the reality.

My paradise, the beautiful gardens
the happy children
the smiling faces
the goodness, the love,
where are they?

What is that obscure shadow
that is growing huge?
It drags me, and takes me
to the cruel reality.

No! I prefer to dream.

I do not want to live
in this crude sunrise.

No! Let me dream,
Let me dream.

Soñar, soñar, sonar
Que triste es despertar
y mirar la realidad.

Mis paraísos, mis bellos jardines,
los niños felices,
las caras sonrientes,
la bondad, el amor,
donde están?

Que es esa sombra obscura
que se agiganta,
me arrastra y me lleva
a la cruenta realidad.

No! Prefiero soñar

No quiero vivir
este crudo amanecer.

No! Déjenme soñar.
déjenme soñar.

# WITH THOSE BOOTS

With those black, lustrous, foul-smelling boots
they came wrapped in the darkness.
and kicked our weak doors.
With those black, lustrous, foul-smelling boots
they beat our defenseless bodies,
that were lying almost dead of hunger.
With those black, lustrous, foul-smelling boots,
they took away what little we
had left of pride,
abandoned and profaned women.
With those black, lustrous, foul-smelling boots
they walked on the bodies
after they exterminated our husbands,
our brothers, our fathers.

With those black,
lustrous, foul-smelling boots.
they took away the lives of our
little children, who were lying
with the hair and bones filled with fear.

No, they did not think that their
mothers, their sister, or their daughters.
their eyes were dark wells of hate,
of revenge and ambition.

No, they did not think that we were all brothers
in the same country and only one memory
Oh, how I hate!
those black boots, lustrous, foul-smelling!

# CON ESAS BOTAS

Con esas botas negras, lustrosas, apestosas,
vinieron envueltos en las sombras
y patearon nuestras débiles puertas.
Con esas botas negras, lustrosas, apestosas,
golpearon nuestros débiles cuerpos,
en el hambre mortífera yaciente.
Con esas botas negras, lustrosas, apestosas,
nos quitaron lo poco que nos
quedaba de orgullo, mujer
abandonada y profanada.

Con esas botas negras, lustrosas, apestosas,
ellos caminaron sobre los cuerpos
después de exterminar nuestros
esposos, nuestros padres y hermanos.

Con esas botas negras, lustrosas, apestosas.
les negaron la vida a nuestros
pequeños que yacían con
huesos y cabellos ateridos.

No, no pensaron en sus madres,
ni hermanas, ni hijas,
sus ojos eran obscuros pozos de odios,
de venganzas y ambiciones.

No, ellos no pensaron que éramos hermanos
en un mismo país, en una sola memoria.
Ay! ¡Como odio!
esas botas negras, lustrosas, malolientes!

# CHILDREN OF MY DREAM

Wrapped in the endless night
I keep carved on my soul
the thousand fearful and
enormous eyes, with hundreds
of geometries and geographies.
frozen hopeless, waiting for love,
tenderness, and a piece of bread.

Those sad eyes with
dry and abandoned tears
others with unfocused gaze,
the effect of inhaled gas
to forget the hunger, cold
and abandonment.

The little hands with gloves of mud
are asking me for
Love, Bread, Peace……….
They run behind me fleshless,
their little bodies scared.
from the abuse.

I feel impotent and the
anguish struggles on my breast,
I want to scram at the deaf world.

No! They are not children of the street!
No! They are not children from the tunnels!
No! they are not children of no one!

## LOS NIÑOS DE MIS SUEÑOS

Envuelta en la interminable noche
en el alma solo llevo impresa
millares de ojos enormes,
azorados con cientos
de geografías y geometrías,
congelados en la espera de
amor, ternura, y un poco de pan.

Esos ojitos tristes, con
lagrimas secas y abandonadas
otros tienen miradas divagantes,
efecto del gas inhalado, para
olvidar su hambre, frio y abandono.

Sus pequeñas manitas enguantadas
de lodo, me piden:
amor, pan, paz……..
corren detrás de mi con sus
pieles descarnadas y sus
cuerpitos flagelados por
los abusos marcados.

Yo me siento impotente, y mi
angustia se ahoga en mi pecho,
quiero gritar al mundo sordo:

¡No! ¡No son hijos de la calle!
¡No! ¡No son hijos de los túneles!
¡No! ¡No son hijos de nadie.

!NOOOOOOOOO!

They are product of nonsense
and abandonment, the fratricidal wars,
from hates, from systems,
The world that had not change
despite studies of laser ray
the genetics, the computers.
We still see today human misery
the same as in the past.

I want to scream to the world
Union, Love, Peace…
because these children
are product of the century
they did not ask to be born,
they only want a little
LOVE , PEACE, AND BREATH.

¡NOOOOOOO!

Son los productos del desatino
Y el abandono, de guerras fracticidas
De los odios, de los sistemas
a pesar de los avances del laser
 el mundo que no ha cambiado
la genética, las computadoras.
todavía ahora vemos
miseria humana, tanto igual
que en el pasado.

Quiero gritar al mundo,
Unión, Amor, Paz...
Porque esos niños son producto
de nuestra era
ellos no pidieron nacer,
solo quieren un poco de
AMOR, PAN  Y PAZ

# GRIEF

Yesterday, I saw him,
after a long agony.

Yesterday I saw him,
his life shattered in the middle of summer.

Yesterday I saw him,
in alcohol and numb drug.

He, the one in whom
I placed my dreams and soul.

He, the longed-for and dreamed man.
He, in who I put my illusion and my hope
He, the great powerful, master of the world.

His life had fallen into an ocean of vice.
he crashed my future crashed on the rocks
my dreams, my home.

Where are his bright eyes, full of love?
Where is his intelligence clear and perspicacious?
Where is his gallant and vital figure?

I was not the only one who fled with terror
from his alcoholic delirium,
his own son left also, with his wings
and dreams shattered to another rhythm.

He is blind to the Divine Miracle
he lives in a subhuman wasteland

# AGONIA

Ayer, lo vi,
después de una larga agonía.

Ayer, lo vi,
su vida destrozada en pleno verano.

Ayer, lo vi,
en alcohol y droga adormecido.

El en quien
deposite mis suenos y mi alma.

El, el hombre anhelado y soñado.
El, en quien puse mi ilusión y mi Esperanza.
El, el gran poderoso, dueño del mundo.

Su vida ha caído en un océano de vicios,
el estrello en las rocas mi futuro,
mis sueños mi hogar.

Donde estan sus ojos brillantes, lleno de amor?
Donde su inteligencia clara y perspicas?
Donde su figura gallarda y vital?

Yo no fui la única que voló con terror
ante su delirio alcohólico,
su propio hijo partió con sus alas
y los sueños marchitos a otro ritmo.

Esta ciego ante el milagro divino
vive en un páramo infrahumano

I agonizing day by day
trying to numb their hatreds
grudges in alcohol and drugs.
 wanted to teach him the verb to love,
but his world is full of
frustration, depression.

He lives trapped in the past.

It only remains in my soul
the solacement of having tried
to show him a better world.
that God exists and
that we still can change.

agonizando día a día,
tratando de adormecer sus odios
rencores en el alcohol y las drogas.

Yo solo quise enseñarle el verbo amar,
pero su mundo esta lleno de
frustraciones, depresión.

Vive atrapado en el pasado.

Solo me queda en mi alma
el consuelo de haber tratado de
mostrarle un mundo mejor.
que existe Dios y todavía
hay tiempo de cambiar.

# GRIEF

I do not know what deadly songs are pressing.
the hollows of my sleepless bones.
the smell of smashed cornfield from
hulls of sad and lost donkeys
an aroma of dark crashed metals,
a stench on the air from blooded clay
screams from the bronze of broken bells.
An internal beating from sleepless foreheads.

You that came from the wide coastline
full of ancestors, by a hydrography of
liquid rubies, with the curved arms
like the air, like the moist foliage
detached from the dawn,
you will never know of this petrified daybreak.

The mountain swallowed me up in a lonely instant
like a Jonah of desolate bronze
and there is shriek from the earth
rhythmic trembling windows,
with volcanic smoke that burns my veins
screams from black land with man panting
with bones and blood, with barbarous drums
and sparking bonfire, with dark processions, metallic
dancers perforate my eyes
and worms eat my tongue.

# DESOLACION

No se que canciones mortuorias
se aprietan en los tubos de mis huesos insomnes.
un olor de maizales molidos por los cascos
de viejos asnos tristes y errantes,
un aroma de obscuros metales triturados
un sabor en el aire de greda ensangrentada,
unos gritos de bronce de rotos campanarios
un golpear interno de sienes desveladas.

Tu que vienes del ancho litoral pleno de ancestros
por una hidrografía de líquidos rubíes
con los brazos curvados como el aire
desprendido del húmedo follaje del alba
nunca sabrás de este petrificado amanecer

Me trago la montaña en un solitario instante
como a un Jonás desolado
y hay llanto de tierra,
un son de ventanales trepidantes
con humos de volcanes que calcinan mis venas
lloro de tierra negra con jadeos de hombre
con huesos y con lagrimas,
con cabellos y sangre,
con tambores barbaros y hogueras chamúsquientas,
con negras procesiones, danzantes metálicos
me perforan los ojos y agusanan mi lengua.

**LIFE**

## MI LIFE

Mi life is like a verse
that is reborn in mystery
and runs like water from
a crystal spring.

The wind has played with me
it has pushed me into storms
it has smashed me on black cliffs
I have had to cross uncertain tunnels,
where the pain and disappointment
had nearly taken my life,
but my boat has always
sought a transparent shore.

Sometimes birds have come
fluttering around quietly
they have taken me to new beaches
where I woke into another dream
from dreams of golden wheat fields.

## MI VIDA

Mi vida es como un verso
Que renace en el misterio,
y corre a veces como
agua de manantial cristalina.

El viento ha jugado,
me ha adentrado en tormentas,
me he golpeado en negros
acantilados, he tenido
que atravesar túneles inciertos
donde el dolor y el desengaño
me han quitado por poco la vida,
pero siempre mi barca
ha buscado una orilla transparente.

Algunas veces han venido aves
revoloteando tranquilamente
me han llevado a nuevas playas
he despertado a veces en
trigales dorados del ensueño.

# BUTTERFLY

Lost butterfly
in the rhythm of the wind,
winds full of nacre
going to fugitive
dreams, covered
with blue lights,
with mischievous threads
turning the dreams
turning the breeze.

I had seen you
playing in the fog
from the waterfall
of hopeful green
damp where
the egrets are waiting
for time and life.
Blue butterfly
       Blue Caribbean
              Blue dream.

I still feel you flutter around
passing my childhood
and I still feel the caress
of your playful wings
flapping around my dreams.

Will I find you again
around my window
little multicolor flower?
tell me where are you?
tell me how can I capture you?

# MARIPOSA

Mariposa perdida
en el ritmo del viento.
con alas nacaradas
en pos de sueños
fugitivos, cubiertos
de luces azuladas
con tus hilos traviesos
revolviendo el ensueño,
revolviendo la brisa.

A ti te vi jugando en la
bruma de la cascada
de esperanza verde
pantanales donde
las garzas esperan
el tiempo y la vida.
Mariposa azul
      Azul Caribe
           Azul ensueño

aun siento tu aleteo
pasar por mi infancia
y siento la caricia
de tus alas traviesas
revoloteando en
mi pasado.

Volveré a encontrarte
en mi ventana
pequeña flor multicolora?
Dime donde estas?
Dime como atraparte?

Lost butterfly in the
abyss of my past,
uncertain and forgotten.
my heart is looking for you
in the wings of the world.

Butterfly full of lights
Blue metallic
Blue Caribe
Blue dream.

Full of stars
hidden butterfly
in the dry foliage
of the cold cascade.
refuge from savage wage.
morning star
that is hidden in the
upcoming time.
morning dew that sings
the fugue of the minute.

Will I find you again?
in the mysterious flower
that had caught one sky.

Where are you butterfly?
thousand eyes are looking for you
thousand chirps are calling you.
Tell me how could I hold you?
you are lost in the time.

Mariposa perdida
en el abismo de mi pasado
inocente olvidado
mi corazón te busca
en las alas del viento.

Mariposa de luces
Azul metálico
Azul Caribe
Azul ensueño.

Preñada de estrellas
mariposa escondida
en la hojarasca seca
de la antigua cascada,
refugio de la ola salvaje.
lucero de la mañana
escondido en el
transcurrir del tiempo
roció que canta la
fuga de el minuto.

Volveré a encontrarte?
en la flor misteriosa
que atrapo a un cielo.

Donde estas mariposa?
mis ojos te buscan
mis trinos te llaman.
Dime donde atraparte?
si estas perdida
en el tiempo.

# SPEECHLESS

Here, I am
surrounded by
foreign gods,
speechless and perplexed,
remembering my past
frozen in the
distant abyss
with only the company
of the magical shadow
from the metallic ghosts
reflecting on the pavement
of the highway.

Here, I am
looking at myself
close to the huge
buildings with
petrified eyes.
The contemporary life
is the sour witness
of my enormous solitude.

## SIN PALABRAS

Aquí, yo estoy,
rodeada
de dioses ajenos
muda y perpleja,
recordando mi pasado,
congelada en el
abismo distante,
con la única compañía
de las sombras mágicas
de los espectros metálicos
en el pavimento
de las autopistas.

Aquí, yo estoy
mirándome a mi misma,
al lado de los inmensos
edificios con ojos
petrificados.
La vida contemporánea
es el amargo testigo
de mi inmensa soledad.

# LATIN LOVE

You are for me
a lyric symphony
hidden in the space.
my fingers turn in
divine arpeggios,
my heart turns in a
thousand
chords of gypsy violins.

You are for me
an eternal melody.
my skin sings
with the honey of a
sweet and dreamy
flute.

You are for me
the resounding rhythm
of mischievous marimbas
and crazy drums,
screaming the ecstasies
of a passionate heart.

# AMOR LATINO

Tú, eres para mi
una sinfonía lirica
escondida en el espacio.
Mis dedos se convierten
en arpegios divinos
mis cabellos en
cuerdas de violines gitanos.

Tú, eres para mi
Una eterna melodía.
Mi piel canta con
Las mieles de una
Flauta dulce y sonadora.

Tú, eres para mi
el ritmo resonante
de marimbas traviesas
y tambores locos
gritando el éxtasis
de un corazón apasionado.

## GOD OF CLAY

I had dedicated to you my
eternal sunrises.
to make your base of clay
water of the seven springs
and wood from the hidden polar forest
I covered your body with gold dust.
When I saw my labor done,
I sat to contemplate you and love you
the more I watched you, the more I adored you
you were my work, my dream come true.
you look better than Apollo
you were more beautiful than Adonis.
I offered you the biggest rituals
the Greek nymphs ere nothing
compared to my cadence
Neptune got jealous
of my majestic ceremonies
you were bigger than the sun.
I belonged to you in body and soul
I was your slave and you my lord
I was happy just to please you
I adored you like a sun.
But one day, a light breeze
moved the wind from the south
it was not an earthquake or a cyclone
nothing had devoured you in a second
an you had been dissolve on the wind
with tears I tried to put our pieces
together, but I could not, I failed,
my nails were bleeding scratching the ground
to find you, no effort could bring you back
on the ground you were, just black earth.

## DIOS DE ARCILLA

Dediqué mis amaneceres sempiternos,
a elaborar tu base de arcilla
con agua de los siete manantiales,
madera del oculto bosque polar
con polvo de oro bañé tu cuerpo.
Cuando vi mi obra terminada,
me senté a contemplarte y a amarte,
te miraba mas y mas te adoraba,
eres mi trabajo, eras mi sueño añorado
lucias mejor que Apolo
estabas mas hermoso que Adonis.
Te ofrecía inmensos rituales,
las ninfas griegas eran pequeñas
ante mis vaivenes, y hasta Neptuno se puso
celoso de mis majestuosas ceremonias
eras para mi tan radiante como el sol.
Te pertenecía en cuerpo y alma
era tu esclava y tu mi señor
era feliz solo complaciéndote
te adoraba como al sol.

Pero un día, una suave brisa
movió el viento del sur
no fue un temblor, no fue un ciclón
la nada te devoro en un sigilo de hiel
y tu te disolviste en el viento.
con lágrimas trate de unirte
pero no pude, fracasé,
mis unas sangraron buscando tus restos
Ningún esfuerzo te devolvería a mí
En el suelo, solo eras tierra negra.

c.1999 Edith Graciela Sanabria

# PHILOSOPHY

# OCTAVIA

She
Woke up
With
The morning
Star
Inspired by
Her
Universal
Trip.
She
Played with
The light
and darkness
Like
The water
Plays
With the
Foam
On the sea.
With
The colors
Of rainbow
Octavia
Painted
The sacred
Nature of
LIFE.

## OCTAVIA

Ella
se despertó
con
el lucero
de
la mañana
inspirada
en su viaje
universal.
Ella
jugo con
la luz
y sombra
como
el agua
juega
con la
espuma
en el mar
con
los colores
del
arcoíris
Octavia
pinto la
naturaleza
sagrada
de la
VIDA

# TEMPORARY PASSENGER

The rivers join in the upcoming
of sleeping verses in sunsets
grasping the eternal minute.
The colors unite behind the silence
of the forest when the breeze smiles
with the rainbow on the clear horizon.
The birds always leave together
to find a faraway horizon
where they can sing a legendary rhythm.

Let's do the same my friends
my brothers of this time, artist, art lovers
those who play with dreams, like
children fluttering carefree in the park
among abandoned leaves.

Let's join together at dawn!
Let's sing together the ravishing notes.
Let's catch the miracles from the wings

The earth is bleeding of injustice
lets say stop those who put out
the seeds of hate and violence
lets say stop to what was programmed in
the damp of injustices and darkness.

We are temporary passengers
to other hidden galaxies
lets sing to love while the light
sustain us
to art, to ourselves.

## PASAJEROS TEMPORARIOS

Los ríos se unen en un transcurrir
de versos dormidos, en atardeceres
aferrados al minuto eterno.
Los colores se unen tras el silencio
del bosque, cuando la brisa sonríe
con el arco iris en el claro horizonte.
Las aves siempre parten juntas
buscando un horizonte lejano donde
poder cantar un ritmo legendario.
Hagamos lo mismo nosotros mis amigos
hermanos del tiempo, artistas, amantes del
arte, aquellos que juegan con el ensueño
como niños traviesos en el parque
revoloteando entre abandonadas hojas.

Unámonos al ponerse el sol.
cantemos fuerte las notas embriagadas
agarremos por las alas los milagros.

La tierra esta sangrando de injusticias
digamos basta a aquellos que siembran
el odio y la violencia.
digamos basta a lo programado en pantanos
de injusticia y de tinieblas.

Somos pasajeras temporarios
a otros galaxias escondidas
cantemos al amor mientras
la luz nos alimente
al arte, a los semejantes,
a la vida, y al planeta.

## MY TEACHER

Yesterday I saw him on the deserted path to the past,
the years passed without touching him
his air was eternal like the wind.
I asked him the secret of his eternal youth and peace.
He smiled at me, he still remembered my name.
He was my teacher when I studied art
with peaceful voice, with his eyes carving my soul,
he told me: "You know, you have known for years,
but you did not want to listen to me
or other voices."
"Yes" I replied, "Long time ago,
I tried another kind of life, but it was boring.
But now I am sick always,
pain consumes me."
He said in a sweet voice:
"We are the product of nature and from
nature we shall live. Water is our
source of life, and therapy.
All the fruits, plants and grains, are our
food and medicine.
Do not forget the air, breathe deeply,
do not eat to gorge, but eat what you
need, and most important is the mental
hygiene, take care of your spirit;
A young spirit has no age".
He began to walk again, and he left my
heart full of happiness, and hope.
He went away on the path where I had
met him, surrounded by trees and birds
at the smiling river. I saw his back, his
white hair, his white clothes, he seemed
to be floating on the foggy sunset.

## MI PROFESOR

Ayer le vi en el camino desierto al pasado,
los años se fueron sin tocarle
su aire era eterno en el viento.
Le pregunte el secreto de su eterna juventud y paz.
Me sonrió, todavía recordaba mi nombre
fue mi profesor, cuando estudiaba arte.
con voz plena de paz tallando con los
ojos mi alma, respondió diciendo:
"Lo sabes, hace muchos años que tu lo sabias,
 pero no querías escuchar mis palabras ni otras voces".
"Si" conteste, "hace mucho tiempo
que trate otra forma de vida, pero era abburido.
Pero ahora siempre estoy enferma.
el dolor me consume."
 El me hablo dulcemente:
"Somos productos de la naturaleza y
de la naturaleza debemos vivir.
Agua es nuestra fuente de vida y terapia.
Todos los frutos, plantas, cereales
son nuestro alimento y medicina.
No te olvides del aire, respira
profundamente, no comas por gula
come lo necesario, muy importante
es la higiene mental, cuida tu espíritu;
no hay edad para un espíritu joven".
El emprendió de nuevo su camino
y me dejo con el corazón lleno de
felicidad y esperanza. Se marchaba
por el sendero donde lo encontré rodeado
de árboles y aves bordeando el sonriente rio.
Mire su espalda, sus cabellos, sus ropas blancas
parecía que volaba en el brumoso atardecer.

# FLYING IN FREEDOM
## I

This thirst
of verse
that I feel
in your absence
is like
imprisoned bird
in the
cage
of dreams.

I want
to fly
toward
the horizon
where the
universal light
breaks the jail
of past.

# VOLANDO EN LIBERTAD

## I

Esta sed
de verso
que siento
en tu ausencia
es como
una ave prisionera
en la
jaula
del ensueño.

Quiero
Volar
Hacia
el horizonte
donde
la luz universal
rompe
la cárcel
el pasado.

## II

Captives

we are

in the tunnel of misery

my friends

from all ages

and time

darkness

does not know

difference

rich, poor,

ignorant or vice

language or religion

slaves

of our addictions.

## II

Cautivos

estamos

En el túnel

de miseria

mis amigos

de todas las edades

y todos los tiempos.

la obscuridad

no conoce

diferencia

ricos, pobres,

ignorantes o sabios,

idioma o religión

esclavos de

nuestras adicciones.

## III

Free us Lord
From hate, revenge and rage

Free us Lord
From self-destruction, fear, selfishness

Free us Lord
of violence, power, ambitions

Free us Lord
From the one who profit
From our addictions

Free us Lord
Give us the strength, the wisdom and peace.

III

Libéranos Señor
De el odio, la venganza, el rencor.

Libéranos Señor
De la autodestrucción, miedo y egoísmo.

Libéranos Señor
De la violencia, poder y la angurria

Libéranos Señor
De aquellos que se benefician con nuestras adicciones.

Libéranos Señor
Danos fuerza, sabiduría y paz.

## IV

LET US BE FREE TO LOVE

LET US BE FREE TO CREATE

LET US BE FREE TO FORGIVE

BECAUSE FORGIVING WE BECOME

FREE

## IV

PERMITENOS SER LIBRES PARA AMAR

PERMITENOS SER LIBRES PARA CREAR

PERMITENOS SER LIBRES PARA PERDONAR

PORQUE PERDONANDO VOLVEREMOS A SER

LIBRES

## GLOSARY    GLOSARIO

(1) Tiawanakotas Tiawanaku is one of the most important Pre Colombian arqueological site in South America it is situated near Lake titikaka inLa Paz Bolivia.

(2) Guaranies. Tupi Guarani culture that develop in South America: Paraguay, Bolivia, Argentina and Brazil.

(3)    Huaris This culture flourished in the South Central, Andes and Costal are of Peru, Chile and Bolivia.

(4)    Tobas Pre-Colombian cultures that inhabited Paraguay. Bolivia, Brazil at the Chaco área.

(5)    Zampona Aymara language, musical instrument made with canes.

(6)    Tiawanakotas Tiawanaku una de las más importantes culturas Pre- Colombinas que floreció en Sud América.   Está situada cerca del Lago Lake Titikaka en La Paz, Bolivia.

(7)    Guaraníes, Cultura Tupi Guaraní que se desarrolló in South América, Paraguay, Bolivia, Argentina, Brasil.

(8)    Huaris, la cultura floreció en Sud Central Andes, la costa de Perú, Bolivia, Chile.

(9)    Tobas son parte de una cultura Pre-columbina que habitaban en Paraguay, Bolivia, Brasil en la región del Chaco.

(10) Zampoña, lenguage Aymara , es un instrumento musical hecho con caña hueca.

(11) Inti Wiracocha Aymara language and Quichua means Sun God

(12) Huayno, Music from the highlands in Bolivia, Ecuador, and Peru

(13) Yarabi, Quechua language, Music that express sad feeling

(14) Tarkeada, music play with wood flutes.

(15) Cueca Bolivian dance with handkerchief, introduction to romance

(16) Charango Small guitar made with Armadillo skin with cords.

(17) Cuatro Instrument with four cords popular in Venezuela.

(18) Marinera Peruvian dance with handkerchiefs.

(19) Chacarera dance from Argentina and Bolivia Chaco area.

(20) Inti Wiracocha Lenguage Aymara y Quichua significa Dios Sol

(21) Huayño Música del Altiplano de Bolivia, Ecuador y Peru.

(22) Yaravi, Quechua, musica que expresa  sentimientos tristes.

(23) Tarkeada musica que se produce con flautas de madera.

(24) Cueca baile boliviano con pañuelos, es la introduccion al romance.

(25) Charango Guitarra pequeña hecha con Armadillo  y con diez cuerdas.

(26) Cuatro Instrumento con cuatro cuerdas de Venezuela

(27) Marinera Peruvian dance with handkerchiefs.

(28) Chacarera dance from Argentina and Bolivia Chaco area.

(29) Condor mallku Lord Condor

(30) Aguayo  Aymara language, Textile made in colorful wool

(31) Condor Mallku Señor Condor.

(32) Aguayo lenguage Aymara, textile hecho con lana de colores.

(33) Tawantisuyu Name of the inca Empire.

(34) Manko Kapak The founder of the Inca Empire

(35) Pachamama Mother Earth

(36) Tawantinsuyu Quechua it means four parts together

(37) Manko Kapak The founder of the Inca Empire

(38) Pachamama Madre tierra

(39) Tawantinsuyu Quechua significa cuatro partes juntas.

(40) Manko Kapak Fundador del Imperio Incaico

www.ingramcontent.com/pod-product-compliance
Lightning Source LLC
Chambersburg PA
CBHW060419050426
42449CB00009B/2025